ÂF507535

Registro Prop. Intelectual: V-800-14
Depósito Legal: V-1281-2020
ISBN: 978-84-617-5269-0

Pintura portada: "Momoshkos I" *T. Mixta* de Jorge Lara
Diseño y fotomontaje portada: J. Lara y M. Nocelli

El Pronombre

del Amor

JORGE LARA

A Ella

APROXIMACIONES

CONTEMPLO

Contemplo
la imaginaria espera
la soledad del muro
el resbalar de una gota de cal

contemplo
el caer de las moscas sobre mis rodillas
el dulce atardecer
de las cartas leídas varias veces

contemplo
el rostro sin rostro del amor
y sin una pizca de vergüenza

río.

PERDÓN

Perdón
por escapar de las paredes
por caminar tus calles con mi juego
por mojarme
con la lluvia de algún sueño

perdón
por no saberme entre mis nadas
por mi afán de manos pequeñas
perdón por amar
por creer
por las madrugadas
por las exigencias y los riesgos
por mi postura fetal congénita
por no callar
por tomar la vida tan de frente
cuando todavía
tal vez le queden pájaros

perdón
por aquel muñeco despeinado
y tanto abismo reincidente
perdón por los labios
quizá mañana despegados
borrados
secos

perdón
por la hoja marchita entre los dedos
por ser tan poco y pedir tanto
por la verdad

y sobre todo
perdón

porque no me arrepiento.

LUGARES DEL ADIOS

En la primera roca que doblemos
en la última gaviota
cuando casi sean sombra tus ojos

en la mitad de un puente
vadeando inmensidades
rodando como un sueño
que ronca la redondez
de mi mano en tu mejilla

en la cúspide del peligro
y del caer
boca contra boca

ahí
sin saber jamás
cuándo se desplegarán
los pañuelos.

A FUERZA DE PALABRAS

Al amor hay que llamarlo
porque viene

para que vaya donde estás
cuando está

al amor hay que llamarlo
amor

y no hay otra palabra
que se acerque.

ESTÁ BIEN: FILOSOFEMOS

El tiempo es tan real
dices
como los hechos que contiene

luego el amor
contesto
contiene al tiempo

aunque éste crea escaparse
entre el aliento
de nuestros besos.

CONTINUEMOS

Mi espacio te incluye

Y no, ya sé
no suena como una frase
de amor

sin embargo...

A POSTAL   DOS   AMANTES

Están mirando juntos
        a lo lejos
        y en silencio
desde un balcón

cae sobre ellos
como un suave manto
la certidumbre fugaz
de lo eterno.

FOTO

Ella era pequeña
y curiosa

qué más pedir
al amor
en pleno vuelo.

VAS LLEGANDO

Vienes, sí
como la foto
con aquellos vientos
que refrescaron
la piel gastada

vas llegando
en imágenes ondulantes
a ocupar el sitio
que te aguardaba
entre mis papeles
y mis días

vienes a mí
y yo, incrédulo
te sigo.

ENSUEÑO

Cuando agachás los ojos
se me aprieta el alma hasta los zapatos

y cuando pienso
en todo lo que te quiero hacer
se me ocurre que debe ser hermoso
dilapidar las horas
mojándote los poros
hasta el grito

y luego seguirte mirando
pero ahora
con los ojos cerrados.

RAZONES DEL DESPERTAR

Si no me respiraras en la oreja
la noche perdería su color de sábado
si tus piernas no engancharan mis rodillas
haciéndote una flor entre mis brazos

si no encontrara a la mañana
tu saliva
tu tibia humedad de biendormida
tu rezongo continuado hasta que el salto
hasta que vuelcas al mundo en tu presencia
y me dejas nadando nuestro lecho

si no estuviera el desayuno a la carrera
nuestras peleas de manteca
nuestros besos
la recomendación   el dentífrico
tu hasta luego

si no existiera la sonrisa de tus ojos
si no me hiciera cosquillas en la nariz tu pelo
al caerme nuevamente
desde el final del día

con qué razón
me escaparía de los sueños
para intentar la vida.

AMOR Y SIESTA

Sol
día de siesta prolongada
transpiración en las veredas
amor fresco   y por momentos agua
entre los labios y la piel ajena
manos   piernas
y la almohada tan lejos
como el vaso en la mesa de luz

sueño denso
despertar de movimientos
que aún se buscan
en la noche de cabellos

transfusión cuerpo a cuerpo
del yo al nosotros
pausa en el suspiro y la lágrima
acción de gracias
adoración del vientre

consagración de los pezones al beso hambriento
abolición del sexo   por el sexo
satisfecho
juguetón
escondido y pido gancho
musitados aromas
del te quiero

descanso en el llano
entre los muslos húmedos
bajo el sol rizado

tarde de amor y siesta.

ODA DE PLATA

Cualquier relación

cualquier cosa en realidad

con más de veinticinco años

empieza a madurar

puede más durar

o no

puede oler a herrumbre

o a glicinas

te podrís de amor

o leudás de aburrido

tras un cuarto de siglo

compartido

o pedís la hora

o forzás la prórroga

yo pongo

cara de sorpresa

y digo

no puede ser

alguien ha sacado

mal las cuentas

qué tal

si empezamos de nuevo.

PROPIAMENTE DICHO

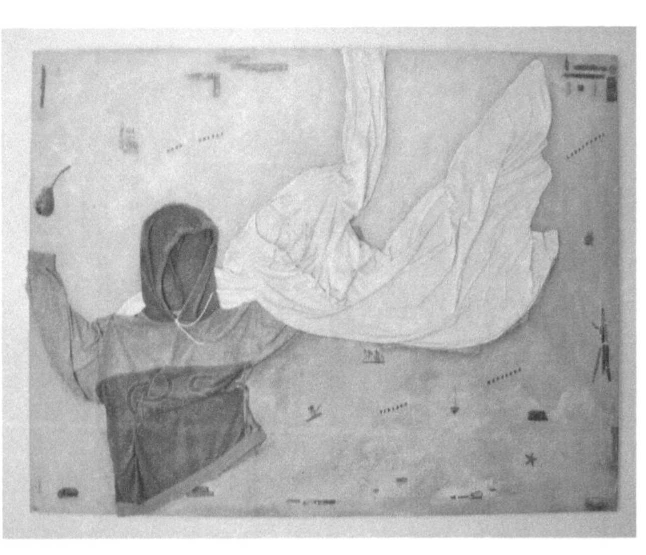

EL MALPOETA DE LOS BUENOS MATES

Adelante

la sesión comienza

con esta luz

que llamamos día

buenos días

significa entonces

esa inclinación de cabeza

hacia el respetable

No, no es un mimo

es el malpoeta

que ahora parece la foto

de la enfermera

en los hospitales

Ni una tos

por favor

sería fatal

para la ceremonia

ya ven que va descalzo

y pisando

como bailarina

más pato feo despeinado

que cisne negro

más torpe tropezón

del dedo gordo

que alada pirueta

más labios mordidos

y ojos de cine mudo

que radiante patinador

es un desastre de amor

nuestro malpoeta

aunque también un prodigio

de silencio

encendiendo el fuego

manipulando tarros

cascaritas de naranja

cuidado con la pava

que quema

azucarero

pancitos con manteca

esto al final

esto primero

todo medido

casi perfecto

¿Por qué casi...?

porque él querría contarlo

traducirlo

escribir ese poema

que todas las mañanas

lo desborda

de alegría, de incienso

de colores inauditos

de olor a tostadas

y tránsitos soñolientos.

Cada vez se promete

que esa vez lo hará

construirá el desayuno

en espumosos versos

lo pintará

con tizas de arena

sobre el vapor del agua

que en un fino chorro

hincha de majestad la yerba

en su pequeño volcán

de telúrica madera.

Sí señores

señoras

dice ahora compungido

pero decidido

a confesarse:

Yo soy aquél

que ceba

los más gloriosos mates

mañaneros

pero también éste

el peor

el más pobre

el más inútil poeta

cuando intento transmitir

esta sonata a cuatro manos

que aún improvisamos

y sorbemos   y soñamos

y abrazados nos reímos

y entre burlas la rimamos

la arrimamos al placer

soy el tonto

que tanto tienta

a las huidizas musas

imaginando nuevas formas

de acceder a la bella

la durmiente

y ojos de miel

a su despertar

siempre lento

y denso de pestañas

entre shob-shob y ronroneos

acunada en mi pecho

casi acuñada diría

de puro pretensioso

soy el que busca

denodado

las palabras

las justas, las precisas

las muy putas, perdonen

y al que le salen

siempre tibias

demasiadas   lavadas

parece

que este dulce juego

que medio sonámbulos

funambulamos

escapa por lejos

al esfuerzo

escupe mis trabajos

de pintarlo a cucharadas.

Cómo poemás

desconsolado me repito

que mateando volamos

ligeros   mágicos

marcos polos

sobre la cálida alfombra

de nuestra cama

que los versos no llegan

pero me empujan tus labios

a proyectar

la mayor aventura que deseo

porque después

de tanto fabular

y programar

y alto compromiso

con las ideas

sé que nada

ni imaginado ni escrito

me dará

lo de cada mañana

cuando me aferro a tus perfiles

de viajera

cuando desembarcamos

el nuevo día a conquistar

quizás entiendas

mi fracaso

lo que no sé explicar

-la simple felicidad

la plenitud, lo inefable

de esos metros de vaivén

escaleras incluidas

entre la hornalla y la almohada-

si te digo

que dentro de mis tantas dudas

mis tontos miedos

es en este encontrarnos

cuando menos dudas tengo.

Quiero decir que quiero

sobre todo

más que todo

hasta la última hebra

del último paquete

de infusión indígena

hasta el último sorbo de vida

repetir esa larga ceremonia

del callado amanecer

siendo aquel que ceba

los más enamorados mates

el que se seguirá ahogando

frustrado y feliz

en la espesa espuma

de intraducibles poemas.

¿PERO, QUIÉN ES…?

Ella…

y ella   y ella

y ella.

Siempre: Ella.

El pronombre del amor.

Su figura sigue siendo

enigmática y lejana

es por cierto la niña

a la que a veces

llamo madre.

No te hagás el huerfanito

me dice.

Hasta vos lo fui

contesto

creyendo que juego

y entonces me abraza

me acuna

me come

las lágrimas

moviendo la cabeza

resignada.

Nada más música

más natural

que el silencio

cuando la contemplo

a mi lado.

Es tan frágil

aunque en absoluto lo sea

que mis manos

saltan hacia ella

como zarpas

    buscando su sangre

como torpes pétalos la alcanzan

como banderas rendidas

se duermen en sus muslos.

La veo pasar

y repasar

y no la alcanzo

le tiro besos azules

      indirectas

la apedreo con misivas

de admirador suicida

la encuentro

por todos mis rincones

la extraño cada vez

que junto a ella

descanso.

La nombro

antes de dormirme

y al despertar encuentro

una paloma

que nos mira.

La miro

y no me lleno de mirarla

me rebalsa de emoción

su contorno de hechicera

sus embrujos de delantal

y pestañas susurrantes

ella tira sus cartas

por doquier

y yo la persigo

lamiendo los bordes

engomados

de su presencia.

Apareció junto a la luz

o debiera decir

que desde entonces

veo.

Trajo los frutos más antiguos

cosechó con paciencia

la ternura   el humor

la calma

me cocinó a fuego lento

la muy bruja

se aprovechó de mis furias

me cosió a besos las heridas

y abrió esta otra

       interminable

que se llama vida

que como ella

se llama.

Quería saber su nombre

pronunciarlo

escribírmelo en los ojos

proyectarlo a la distancia

      para encontrar

tras cada parpadeo

el arco iris.

Me acurruco

en sus cálidos socavones

hay un leve viento

un oleaje sin ruido

que me empuja a encallar

en esa playa

de mansa arena.

Tengo entre los brazos

el momento

que no podrán robarnos.

Cruzo

con un par de caricias

el puente que la carne

      ha levantado

entre el infinito

y nuestros cuerpos.

Amarla es un derecho

una obligación

que despunta con el sol

y los primeros pasos de la mañana

amarla es la única solución

de todas mis incógnitas.

La amo

durante el lapso

que deja de ser un sueño

para extenderse en las horas

del cotidiano trabajo compartido

pero ansío como un loco

el descanso

donde la sueño

compañera

de todos mis trabajos.

La amo porque sí

porque no

y por todos los tal vez

con que nos besamos.

Busco

con dedos de ciego

el idioma de su vientre

aprendo a deletrear

la calma del amor.

Como un animalito

más que asustado   travieso

corro hacia ella

hacia su cuello

y su olor

menos salvaje

que tumultuoso

más desolado

que herido

como el ansioso cachorro

que aún soy

me ovillo en su regazo

a que me despioje

de miedos.

Su pelo me envuelve

y el tiempo calla

    aquel viejo tic tac

pierde la memoria

ante lo definitivo.

No necesito más

que el viento que desplaza

puedo beber

incansable

como una hormiga enamorada

los invisibles puntos

que va dejando su mirada

me acuso

de pasiva contemplación

de no ser el león que me provoca

sino la esfinge

el ciego anacoreta

que vive para escuchar sus pasos

y repetir preguntas

en las encrucijadas

series interminables de preguntas

compuestas con su nombre.

Si quiero vivir

es porque ella

si quiero durar

en este infierno

es por sus labios frescos

que me llaman

si puedo arrostrar

tanto cansancio

es por sus dedos

que despeinan mis arrugas

cuanto quiero

es quererla

hasta el último aliento.

Decir nosotros

es mucho más grande

y misterioso

que el Big Bang

ser nosotros

por encima del tú y yo

al menos tan difícil

como la Relatividad

repetir nosotros

como otro pronombre

del amor

la verdadera evolución

tan buscada.

Y AHORA

Las manos sobran

los labios tiemblan

la poesía calla

avergonzada

ante los ojos que me buscan

cuando la despierto.

Por eso quiero

amanecer a su lado

esa sola idea

esa dulce obsesión

es el poema.